Brigitte Held

feelings

Gefühle

Gedichte

für und über uns Frauen (und Männer)

© 2018 Brigitte Held
Umschlag, Illustration: Brigitte Held

Verlag & Druck: tredition GmbH, Hamburg

ISBN
Paperback   ISBN 978-3-7469-5653-4
Hardcover   ISBN 978-3-7469-5654-1
e-Book   ISBN 978-3-7469-5655-8

Dieses Büchlein ist für Dich
weil ich Dich gerne mag
und heut da ist ein guter Tag
dass ich`s Dir auch mal sag

Dies Buch gehört dem Herrn/ der Dame
zu welchem/ welcher passt der Name:

für ....

Inhaltsverzeichnis

Gedichte

Fortsetzung Inhaltsangabe

Prolog

Ich schreib jetzt auf mal, was ich denk

und einer macht's dann zum Geschenk

Aus vielen jetzt mal meine Sicht

in schönen Versen als Gedicht

Tanzfieber

Hör ich Musik, ja dann kann mich nichts halten

All diese Lieder, die neuen und alten

Wenn ich sie höre, dann fühl ich ein Jucken

die Zehen, der Kopf, alles fängt an zu zucken

Die Finger, die klopfen jetzt mit schon im Takt

es gibt nun kein Halten, es hat mich gepackt

Das Tanzfieber, ja es zieht durch mein Blut

ein Feuer entfacht sich jetzt aus dieser Glut

Alles bewegt sich jetzt ganz von alleine

die Arme, die Hüften und auch die Beine

Jetzt fang ich oh Schreck auch noch laut an zu

singen

von Liebe und Glück und manch anderen

Dingen

Zum Takt dann beweg ich mich hektisch und

wendig

ach herrlich, ich fühl mich so jung und lebendig

Nun schließ ich die Augen und flieg einfach fort

wo immer ich hin will, ich find jeden Ort

Dort lass ich mich fallen, hör ganz auf zu denken

und lass mich jetzt einfach vom Rhythmus lenken

Jeder Nerv erwacht in mir jetzt zum Leben

sag, kann's noch was schön'res als Musik geben?

Auf leisen Pfoten

Die Liebe

Irgendwann erwischt sie jeden

auf den Kopf stellt sie dein Leben

Schleicht sich an auf leisen Pfoten

selbst wenn's streng ihr ist verboten

Falsch herum dreh'n sich die Rädchen

denn ab jetzt zieht sie die Fädchen

Gleich wie ein Virus über Nacht

so hat sie nun dich krank gemacht

Längst infiziert ist schon dein Herz

du fühlst jetzt einen süßen Schmerz

In deinem Bauch da blubbert's sehr

du hast auch keinen Hunger mehr

Doch weder Saft, noch kleine Pillen

können deine Leiden stillen

Und weil ja Liebe macht auch blind

die Augen jetzt betroffen sind

Siehst durch die rosa Brille nun

du kannst dagegen gar nichts tun

Und wo ist plötzlich dein Verstand?

den hat sie auch schon in der Hand

Läufst rum nur noch mit froher Miene

ja das sind die Endorphine

Weil dich diese jetzt auch lenken

kannst du nicht mehr logisch denken

Ob sie Fluch ist oder Segen

keiner ist immun dagegen

So mancher kämpft dagegen an

und doch bleibt sie ein Leben lang

Ein andrer hält sie dankbar fest

hat Angst, dass sie ihn mal verlässt

Doch macht die Liebe was sie will

ist stürmisch oder auch ganz still

Man kann nicht immer sie versteh'n

kann sie nicht hören oder seh'n

Und wenn ganz fest man auch sie hält

sie kommt und geht wie's ihr gefällt

Selbst da wo's streng ihr ist verboten

schleicht sie sich an auf leisen Pfoten

Versprechen

So ist das mit dem Versprechen

niemals doch wollt man es brechen

Nein, ganz ehrlich hat man's gemeint

und Tränen dabei auch geweint

Man damals konnt noch nicht sehen

wohin die Reise wird gehen

dass alles oft ändert die Zeit

wer kann denn schon sehen soweit

Jetzt kann man nicht halten sein Wort

schmeißt all seine Pläne von Bord

So ist's halt mit dem Versprechen

man muss es manchmal doch brechen

Ohne Worte

Eine Blume sagt mehr oft als jedes Wort

Eine Geste kann ganze Bände sprechen

Ein Lächeln trägt oftmals alle Ängste fort

Ein sanftes Berühren kann Dämme brechen

Und sind unsere Worte auch oft sehr wichtig

und können sie fehlende Brücken bauen

so werden sie manchmal doch null und nichtig

wo einfache Blicke schaffen Vertrauen

Am I a fool?

I trust in you with all my heart

you are so lovely and so smart

Believe in every word you say

I never did that in this way

We didn't know us weeks ago

but now it feels like love or so

Is it the truth or are these lies

I only feel some butterflies

Am I a fool to trust in you

so fast and total like I do?

I do not care about these thoughts

no, I believe in all your words

Maybe your intentions are bad

and in the end I`m feeling sad

But this is life, you never know

it's only future, that will show

So I believe in what you say

for love there is no other way

and this is what I feel for you

and like you say you feel it too

You trust in me, I trust in you

and none of us knows, if it's true

But this is life, you never know

it's only future, that will show

There is no proof, no guaranty

so I trust you and you trust me

You are so lovely and so smart

I trust in you with all my heart

Lebe jeden Tag

Lebe jeden Tag als wenn's dein letzter wär

das ist leicht zwar gesagt, doch getan recht schwer

Wer würd denn am letzten Tag arbeiten geh'n

würd jeder doch lieber das Meer nochmal seh'n

Wer würd um den nächsten Tag sich noch sorgen

wenn heut er doch denkt, es gibt gar kein morgen

Ja würd man nicht feiern noch die ganze Nacht

wenn heut man nicht glaubt, dass man morgen erwacht?

Ich stell mir grad vor, wie dann aussäh die Welt

wenn jeder jetzt das tät, was grad ihm gefällt

Der Bäcker, der backt jetzt auf einmal kein Brot

weil doch er nicht weiß, ist er morgen schon tot

Und grad so machen's der Metzger, der Bauer

weil auch sie denken, vielleicht ist es schlauer

Sie legen die Arbeit jetzt lieber nieder

man kann ja nie wissen, erwacht man wieder

Nun alle wollen ganz schnell was erleben

es könnt ja vielleicht kein morgen mehr geben

Jetzt läuft aus dem Ruder auf einmal die Welt

wie lässt sich's bloß leben so ganz ohne Geld?

Und hat man statt Freude jetzt nur noch Sorgen

da wünscht man vielleicht, es gäb gar kein mor-
gen

Ja lässt sich nicht auch ein Mittelweg finden?

die tägliche Pflicht auch mit Schönem verbinden?

Drum lasst uns doch lieber alle so leben

als würd es Tage ganz viele noch geben

Ja lasst uns Pläne ganz viele doch schmieden

uns freu'n auf die Zukunft froh und zufrieden

Ein ganz normaler Tag

Das Aufsteh`n ach das fällt mir schwer
vom Schlaf hätt ich gehabt gern mehr
Zum Leben doch da braucht man Geld
so ist es halt auf dieser Welt

Drum steh ich auf, geb mir `nen Ruck
schau, dass ich fertig werd ruck zuck
Esse Quark mit Obst und Nüssen
im Radio singt man schon vom Küssen
Verschwunden ist die Müdigkeit
jetzt wird's für mich auch höchste Zeit

Geh aus dem Haus und werd gleich nass
Soll ich mich ärgern nun? Ach was
Steig gleich in's Auto sowieso
muss heut nicht gießen, bin ich froh
Treff an jetzt Leute, die ich mag
gemeinsam meistern wir den Tag

Etwas müde dann Zuhause
gönn ich mir nun erst `ne Pause
Zu Musik jetzt summ ich heiter
und dann geht es auch schon weiter
Endlich fertig dann halb sieben
freu ich mich auf meine Lieben
Doch lange sind sie nicht Zuhaus
da sieht's genau wie vorher aus
Ich schau mich um doch ganz zufrieden
was soll's, ich lass es einfach liegen

Ein gutes Buch les ich jetzt gern
oder vielleicht seh'n wir auch fern
Und wird doch alles uns zu dumm
egal, dann albern wir halt rum
Manchmal träumen wir auch gerne
schweifen ab in weite Ferne
Geh'n in Gedanken auf die Reise
sehnend stöhnen wir dann leise
Spüren fast schon Meer und Wind
bis wir dann eingeschlafen sind

Ein kurzer Traum

Ein süßer kurzer Traum war`s nur

doch ließ er deutlich eine Spur

Die Liebe nur ein zarter Hauch

ein Kribbeln kurz in deinem Bauch

Und doch hat sie dein Herz berührt

ganz deutlich hast du sie gespürt

Vielleicht ja war es nur gelogen

und weiter ist sie drum gezogen

Und dennoch fühlst du einen Schmerz

als ob 'nen Riss hat nun dein Herz

Ist das nicht wirklich sonderbar?

wenn's doch ein süßer Traum nur war?

Arbeitskollegen

Arbeitskollegen, hör mir auf

die sind doch alle ganz mies drauf

Kehr ihnen bloß den Rücken nicht

weil sonst ein Dolch von hinten sticht

Von vorne lachen sie dich an

als hätten sie dir nichts getan

doch hinter'm Rücken, gib bloß Acht

da haben sie dich schlecht gemacht

Da wird an deinem Stuhl gesägt

Gemeines oft auch überlegt

Und um das Ganze noch zu toppen

da fängt man an noch, dich zu mobben

Was heißt, ich mach es mir zu leicht?

dass einer nicht dem andern gleicht?

Ach was, das stimmt in jedem Falle

ja, kennst du einen, kennst du alle

Ob ich genauso schlecht denn bin?

natürlich nicht, wo denkst du hin

Ob ich das manchmal hinterfrag?

oder das einfach jetzt so sag?

Oh, da muss ich Recht dir geben

und doch nochmal überlegen

Ja, erkenn jetzt auch den Sinn

weil ich doch selbst Kollege bin

Werd anhör'n mir jetzt die Kritik

betrachten mal aus deren Blick

ganz offen an die Sache geh'n

und dann zu meiner Meinung steh'n

Jetzt mal taktvoll alles sagen

und sich dann wieder vertragen

Ja vielleicht kann man mit Sprechen

diesen Teufelskreis durchbrechen

Ein schmaler Grat

Ich schenke Dir mein Vertrauen

auch wenn alles gegen Dich spricht

Du kannst immer auf mich bauen

wenn alles auseinander bricht

Sprechen die Fakten dagegen

dass Du wirklich die Wahrheit sagst

dann werd ich sie widerlegen

auch wenn Du nicht ganz richtig lagst

Werd auch immer zu Dir stehen

egal was die and'ren sagen

auch dann den Weg mit Dir gehen

wenn doch Zweifel an mir nagen

Ja Du weißt, dass ich Dir vertrau

würdest Du mich drum belügen?

Ich weiß es nicht mehr so genau

könntest vielleicht mich betrügen

Wo hört denn nur auf das Vertrauen

und wo fängt die Dummheit denn an?

Kann man sein Leben drauf bauen

bereut man's vielleicht irgendwann?

Auch ich weiß, dass Du mir vertraust

würde ich Dich drum belügen?

Ich weiß es nicht mehr so genau

könnt ich vielleicht Dich betrügen?

Wo hört denn nur auf das Vertrauen

und wo fängt die Dummheit denn an?

Kann man sein Leben drauf bauen

bereut man's vielleicht irgendwann?

Ja dieser Grat ist ganz schmal nur

und man muss stets balancieren

Man darf glauben nicht jedem Schwur

auch nicht das Vertrauen verlieren

Welche Wahrheit meinst du?

Ja du fragst mich nach der Wahrheit

was du suchst jetzt, das ist Klarheit
Doch da gibt's ja nicht nur eine
da gibt's deine und auch meine

Ich hab davon sogar viele
aber welche führt zum Ziele?

Allein mein Herz und mein Verstand
arbeiten niemals Hand in Hand
Hab mal beide ich im Zaume
meldet sich doch gleich die Laune
meint sofort total verbissen
soll auch hör'n auf mein Gewissen

Dann macht der Anstand mir noch weis
dass irgendwann man zahlt den Preis

Mein Auge meint, es sei nicht blind
das säh doch wirklich selbst ein Kind
Jetzt jammert noch zu guter Letzt
die Seele, sie sei sehr verletzt

Und du fragst mich nach der Wahrheit?

Was ich selbst such, das ist Klarheit
Ach ich hab davon so viele
welche führt bloß mich zum Ziele?

Doch was soll ich mich heut sorgen
hab `ne neue eh schon morgen

My love

Wherever you are, whatever you do

you can be assured, my heart is with you

Whenever you leave, how far you`re away

you can be assured, my love that will stay

How long it will take, until we can meet

it's only for you, my heart wants to beat

Whenever you`re back, I`m waiting for you

you can be assured, my love, this is true

Du Glückspilz

Sitzt auf 'ner Bank, ganz in Gedanken

„Hab irgendwie kein Glück im Leben"

die Stimmung kommt grad stark ins Wanken

„Es könnt doch so viel Schön'res geben"

So vieles geht dir durch den Kopf

schaust deine Nachbarin dir an

die Schöne mit dem blonden Schopf

was hat sie für 'nen tollen Mann

„Bringt haufenweise Geld nach Haus"

murmelst vor dich hin jetzt leise

„Was leben die in Saus und Braus

ständig geh'n sie nur auf Reise"

Die Nachbarin, die drüben steht

sie schaut nur kurz dich an und nickt

sie dreht sich um dann schnell und geht

da ist etwas in ihrem Blick

Hat sie beobachtet dein Kind?

heimlich hinter ihrer Mähne?

Sie dreht sich um nochmal geschwind

glitzert da nicht eine Träne?

Für 'nen Moment sitzt du ganz still

merkst, wie der Groschen langsam fällt

Egal wie sehr man etwas will

alles bekommt man nicht für Geld

Die Augen wieder öffnest du

und siehst nun klar, was Reichtum ist

schaust deinem Kind jetzt strahlend zu

und weißt, dass du ein Glückspilz bist

Alive

I feel alive, I am so glad

I have no reason to be sad

The day is hot, the sun shines bright

I fetch my bike to take a ride

Watch the beauty, that nature shows

against my face the wind that blows

My mouth is buzzing all the time

because this really feels so fine

And as I see a lake I stop

now all my clothes I want to drop

I look around, could someone see?

There is nobody there but me

I hurry up for safety's sake

jump naked now into the lake

I start to swim, it feels so good

that even more lifts up my mood

I close my eyes, swim on my back

the water gently strokes my neck

You're on my mind, that makes me smile

we didn't see us for a while

This make me think, why wasting time?

We could just drink a glass of wine

And while I dream and let thoughts fly

black clouds appear fast in the sky

Oh no, I think this looks not good

but that cannot destroy my mood

And as I try to swim fast back

I feel first drops on head and neck

Immediately the rain gets strong

and soon I notice, I swam wrong

Oh no, I moan, that cannot be

I pray that nobody can see

Get out the lake and start to run

if someone's here, he sure has fun

I find my bike, put on my dress

fully aware, I look a mess

On my way home, minutes after

I suddenly burst into laughter

The fabric of my dress is thin

it sticks now like a second skin

The rain does patter on my head

I'm not angry, feel good instead

But when the rain won't stop to fall

I make a brake, give you a call

While waiting now that you arrive

I think:

"how great to be alive"

Ich mal Dir das Leben nicht rosarot

Ich werde den Himmel Dir nicht versprechen

doch werd auch Dein Herz ich Dir niemals brechen

Ich male das Leben Dir nicht rosarot

doch wo ich nur kann, bring ich alles ins Lot

Ich lasse auch nicht auf 'ner Wolke Dich schweben

doch mach ich Dir niemals je schwer das Leben

Ich leg Dir zu Füßen zwar nicht die Welt

doch such ich ein Plätzchen uns, das Dir gefällt

Und kann ich auch nicht Dich auf Händen tragen

nie wirst Du steinige Wege beklagen

Ja dieses Versprechen kann ich Dir geben

wenn Du gehst gemeinsam mit mir durch's Leben

Ich will das nicht hören

„Hör auf, ich lass mich jetzt nicht stören"

„sei still, ich will das nicht mehr hören"

Du hältst schon zu dir beide Ohren

sie hört jedoch nicht auf zu bohren

Wer kennt die leise Stimme nicht?

die ungefragt oft zu dir spricht

Wer war vor ihr nie auf der Flucht?

ihr Name der ist Eifersucht

Ja hast du mal 'nen schlechten Tag

wird sie schon laut und fühlt sich stark

Sie weiß genau, du bist grad schwach

drum trifft sie dich gleich 100-fach

Sie sticht mit ihrer scharfen Schneide

tief in deine Eingeweide

umschlingt dein Herz und zieht fest zu

sie gibt und gibt jetzt keine Ruh

So lange bis du wutentbrannt

beim Partner kommst dann angerannt

Der weiß jetzt nicht wie ihm geschieht

singst gleich das alt bekannte Lied

Setzt ein jetzt sofort alle Waffen

ja machst so richtig dich „zum Affen"

Du hörst nicht auf, es wird gebohrt

du drehst im Mund jetzt jedes Wort

Dein Partner schaut ganz hilflos drein

auf einmal wirst du jetzt ganz klein

Verflogen ist gleich deine Wut

ach Gott, wie leid es dir schon tut

Ja wieder hat sie es geschafft

und wieder hast du's nicht gerafft:

Von deinen Ängsten nährt sie sich

bei deiner Schwäche packt sie dich

Das letzte Mal doch war es heute

dass sie dich macht zu ihrer Beute

Das nimmst du dir ganz fest jetzt vor

und flüstert sie dann in dein Ohr

dann wirst du aufrecht vor ihr steh'n

all deine guten Seiten seh'n

selbstbewusst jetzt Stärke zeigen

und sie in die Flucht dann treiben

Last night

Last night I had a dream so nice

there was a man so smart and wise

He made me smile and feel so good

he always lifted up my mood

And after weeks I noticed then

that I would like to love this man

A man who gives me all his time

and always wants me to be fine

Will give me comfort in his arm

and never he will do me harm

He wants to put on first place me

but also wants me to feel free

My heart it is he tries to win

he wants to give me anything

his love, his heart and all his life

if only I could be his wife

But in the very moment then

I want to give my love this man

I get awake so suddenly

remind me to my family

Was it a dream? It felt so real

I do the butterflies still feel

I try to fall asleep again

because I want to love this man

Was zieh ich an?

Komm grad von meiner Freundin Kathie

sie sagt, am Samstag steigt ne Party

Ich bin ganz in Gedanken jetzt

ja fast in Panik schon versetzt

Wirf einen Blick in meinen Schrank

und fühle mich urplötzlich krank

Vor hohen Stapeln steh ich dann

und frag mich: ‚Was zieh ich bloß an?'

Hol ein Teil nach dem andern raus

doch keins sieht gut genug mir aus

Nun geht die Anprobe schon los

egal ob Rock oder auch Hos

Ja nichts hält Stand meiner Kritik

leger oder doch lieber schick?

Das macht zu dick, das ist zu klein

dies ist zu keck und das zu fein

und hiermit wär ich overdressed

jetzt bin ich langsam echt gestresst

Und wozu passen welche Schuhe

das bringt mich völlig aus der Ruhe

Auf meinem Bett der Berg der wächst

das ist doch wirklich wie verhext

Die Schränke voll bis oben hin

und trotzdem gar nichts anzuzieh'n

Die andren seh'n bestimmt toll aus

nur ich wie eine graue Maus

Geknickt räum ich jetzt alles ein

und denk mir, das darf so nicht sein

zum Schoppen fahre ich gleich morgen

und werd was „Schönes" mir besorgen!

Alles fühlt sich heut so schwer

Lauf unzufrieden hin und her
heut fühlt sich alles an so schwer

Was könnt Befriedigung nur schaffen?
Könnt vielleicht mal eine „paffen"?
„Hast aufgehört damit doch lang
nein, fang jetzt bloß nicht wieder an"

Fang überall nun an zu suchen
wie wär's dann mit `nem dicken Kuchen?
„Der schadet der Gesundheit nur
und ebenso auch der Figur"

Na dann vielleicht ein bisschen Sex?
„Tja hast ja leider nur `nen Ex"
Könnt trinken ja ein Gläschen Wein?
„Nein, nein, der schmeckt doch nicht allein"

Ach ich find jetzt keine Ruhe
hol zum Laufen drum die Schuhe
Erst noch sind recht schwer die Beine
doch dann geht's fast von alleine

Und nach `ner Runde, ja ich staune
verschwunden ist die miese Laune
Zufriedenheit jetzt macht sich breit
vorbei ist's mit der Traurigkeit

Pfeifend komm ich dann nach Hause
brauch jetzt dringend eine Brause
Wie wär's gleich mit `nem fetten Eis?
„Hast du verdient nach all dem Fleiß"

Und diesmal ess ich nicht aus Frust
nein, diesmal ist es pure Lust
Schließ die Augen, lehn mich zurück
genieß jetzt langsam Stück für Stück

Süße Verführung

Nochmal kosten fremde Trauben

heimlich einmal davon naschen

den Verstand lass nochmal rauben

komm füll schnell dir alle Taschen

Schmecken nochmal diese Süße

die benebelt dir die Sinne

so wie tausend zarte Küsse

schmeiß die Zweifel in die Rinne

Dieses Prickeln nochmal fühlen

und im Bauch die Schmetterlinge

in Glückseligkeit dich wühlen

ja mit jedem deiner Sinne

Den Verstand lass nochmal rauben

und nicht denken heut an morgen

nochmal naschen diese Trauben

auch wenn folgen Schmerz und Sorgen

Epilog

Gefühle leiten uns im Leben
auch manchmal völlig unbewusst
sie können Leid und Schmerz uns geben
auch Freud und pure Lebenslust

Hör hin genau, was sie dir sagen
es liegt nicht immer auf der Hand
oft musst du auch sie hinterfragen
und manchmal hör'n auf den Verstand

Haben dir meine Gedichte gefallen?

Wenn ja, erzähl doch deinen Freunden davon.

Natürlich würde ich mich auch sehr über deine Bewertung freuen

bei tredition oder

bei Amazon oder

auf Facebook: @gedichteband

Interessierst du dich vielleicht für weitere Gedichte?

Dann möchte ich dir auch sehr gerne meinen ersten Gedichtband empfehlen:

„So sind wir halt"

Gedichte über dich und mich und „andere Leute"

erschienen im August 2017

Mein Gedicht „**Bis zum Mond**"
aus

„So sind wir halt"

wird in den Lyrik-Sammelband der
Bibliothek deutschsprachiger Gedichte
aufgenommen:

Anthologie „Ausgewählte Werke XXI"
Wettbewerb 2018

Zeitfracht Medien GmbH
Ferdinand-Jühlke-Straße 7
99095 Erfurt, Deutschland
produktsicherheit@kolibri360.de